N. Wolfanger-von Kleist und E. Schlitt

Kinderschminken
Kleine, große, wilde Tiere

W0057508

ENGLISCH VERLAG

Wir danken unseren Models Anette K., Denise N., Elisabeth H., Jamila W., Jonas R., Naomi M., Soner K., Vanessa H. und Vanessa W.
Es schminkten für Sie: Roksana Sotek und Yvonne Laux unter der Leitung von Nicole Wolfanger-von Kleist.

Die Deutsche Bibliothek – CIP-Einheitsaufnahme
Kinderschminken – kleine, große, wilde Tiere / N. Wolfanger-von Kleist und E. Schlitt –
Wiesbaden: Englisch, 2001
ISBN 3-8241-1114-4

© by Englisch Verlag GmbH, Wiesbaden 2001
ISBN 3-8241-1114-4
Alle Rechte vorbehalten. Nachdruck, auch auszugsweise, verboten.
Fotos: Frank Schuppelius
Herstellung: Michael Feuerer
Printed in Spain

Das Werk und seine Vorlagen sind urheberrechtlich geschützt, jede Verwertung oder gewerbliche Nutzung der Vorlagen und Abbildungen ist verboten und nur mit ausdrücklicher Genehmigung des Verlages gestattet. Dies gilt insbesondere für die Nutzung, Vervielfältigung und Speicherung in elektronischen Systemen und auf CDs. Es ist deshalb nicht erlaubt, Abbildungen und Bildvorlagen dieses Buches zu scannen, in elektronischen Systemen oder auf CDs zu speichern oder innerhalb dieser zu manipulieren.

Die Ratschläge in diesem Buch sind von den Autoren und dem Verlag sorgfältig erwogen und geprüft, dennoch kann eine Garantie nicht übernommen werden. Eine Haftung der Autoren bzw. des Verlages und seiner Beauftragten für Personen-, Sach- und Vermögensschäden ist ausgeschlossen.

Inhaltsverzeichnis

Vorwort

Tiermasken gehören zu den beliebtesten Schminkmasken. Auch bei Face-Painting-Aktionen geht nichts ohne die einfallsreichen Tiger- und Mäusegesichter oder die liebenswerten Honigbären- und Bienchenmasken. Dazu gesellen sich aus Wald und Flur Hase, Frechdachs und Wolf. Stellvertretend für alle gefiederten Freunde zeigen sich Papagei und Ente in ihrer schönsten Farbenpracht. Schließlich dürfen auch unsere liebsten Haustiere, das Schmusekätzchen und das Hundebaby, nicht fehlen, wenn es darum geht, ein tierisches Spektakel zu veranstalten.

Alle Masken werden Schritt für Schritt beschrieben und alle Entstehungsphasen mit Fotos dokumentiert.

Machen Sie sich an die Arbeit – und mit etwas Übung werden Sie das ganze Tierreich erobern!

Wir wünschen einen tierischen Spaß beim Karneval der Tiere.

Nicole Wolfanger-von Kleist
und Ewald Schlitt

Schminkmaterial

Für unsere Tiermasken benötigen Sie:
✦ unparfümierte, wasserlösliche Eulenspiegel Profi-Schminkfarben in Cake-Form
✦ Eulenspiegel Profi-Schminkfarben in flüssiger Form
✦ mehrere Kunstfaserpinsel in verschiedenen Größen und Formen
✦ halbierte Schminkschwämmchen
✦ Polyester-Glitzer in diversen Farben und als holografischer Juwel-Glitzer
✦ schillernder Perlglanz-Effekt-Puder
✦ Hilfreich für den Transport und die übersichtliche Anordnung der Materialien ist ein Sortimentskasten (mit einzeln herausnehmbaren Fächern) zum Einfüllen der Farben.

Zur professionellen Schminkausrüstung gehören ferner:
✦ Wassersprühflasche mit Dosierdüse
✦ Wassertopf zum Eintauchen der Pinsel
✦ feuchte Reinigungstücher fürs Gesicht
✦ Servietten
✦ Handspiegel
✦ Schminktisch und ein hoher Stuhl, möglichst mit Rückenlehne

Die Profi-Schminkfarben werden wesentlich zum Erfolg des tierischen Schminkvergnügens beitragen.
Die Farben sind auch für Menschen mit empfindlicher Haut bestens geeignet, und die Tatsache, dass sie ohne Parfümstoffe

hergestellt werden, mindert das Risiko gerade für Allergiker wesentlich.

Durch die hohe Pigmentierung haben die Eulenspiegel Schminkfarben eine außerordentlich gute Deckkraft, sodass häufig eine einzige, mit dem Schminkschwamm aufgetragene Farbauflage zur intensiven Deckung ausreicht. Vor allem die Perlglanz-Farben ermöglichen eine faszinierend glänzende Grundierungsschicht, die gleichermaßen gut mit Ornamenten aus Standardfarben als auch aus Perlglanz-Farben verziert werden kann.

Wenn Sie einmal besonders viele Gesichter schminken wollen, empfehlen wir zum Konturieren und für Ornamente flüssige Profi-Schminkfarben. Einen schnellen Zugriff auf die Farben haben Sie, wenn Sie sie zunächst in einen Sortimentskasten füllen.

Tipp: Es ist besonders praktisch, wenn Sie den Glitzer ebenfalls in einige leere Fächer desselben Sortimentskastens geben; dann können Sie im Anschluss an die Farbaufnahme mit dem Pinsel direkt in den Glitzer tupfen. Das ist auch der beste Trick, damit möglichst viel Glitzer auf die Maske gelangt. Diese Technik ist dem Einsatz von Glitter-Gel, das früher häufig verwendet wurde, weit überlegen, da das Gel nur punktuell eingesetzt und nicht mit den Fingern auf größere Flächen gestreut werden kann. Außerdem hat Glitter-Gel nur einen gewissen Prozentsatz an Glitterpartikeln (der Rest sind Klebemittel), sodass Sie damit niemals die gleiche Farbdeckungs-Intensität wie mit Polyester-Streuglitzer erreichen können.

Die Farbauswahl des Fachhandels an **Polyester-Streuglitzer** hat in jüngster Zeit erstaunlich zugenommen. Während Sie in den Anfangszeiten der Gesichtsbemalung im Wesentlichen nur zwischen goldenem und silbernem Glitzer wählen konnten, finden Sie heute zu fast allen wasserlöslichen Schminkfarben das farblich passende Glitzerpendant. Um die Einzigartigkeit Ihrer Masken zu verstärken, sollten Sie möglichst die Farbe des Glitzers passend zur Farbe des Untergrundes wählen.

Eine ganz besondere Steigerung können Sie jedoch erreichen, wenn Sie **holografischen Glitzer** einsetzen. Die Farbgebung dieses Glitzers lebt nicht von den verschiedenartigen eingeschlossenen Farbpartikeln, sondern von der vielfältigen Reflexion der Lichteinstrahlung.

Juwel-Glitzer gibt es neuerdings auch als Goldjuwel-Glitzer und – damit Sie die Vielfalt der Gestaltung noch weiter verfeinern können – in grober, mittelgroßer und in feiner Partikelgröße.

Achtung!

Verwenden Sie niemals Glas-, Acryl- oder Metallglitzer, der immer noch hier und da im Handel angeboten wird. Dieser Glitzer darf nur für andere Verwendungszwecke eingesetzt werden, nicht zum Schminken. Achten Sie also beim Kauf Ihrer Schminkutensilien auf das CE-Zeichen, um sicher zu sein, dass Sie gute Qualität erwerben.

Beim Erwerb Ihrer Schminkschwämmchen sollten Sie darauf schauen, dass diese dem Öko-Tex-Standard entsprechen und somit keine schädlichen Farbstoffe oder Formaldehyd enthalten. Wenn Sie noch etwas vorsichtiger sein möchten, dann fragen Sie beim Kauf nach den neuesten antibakteriellen Schminkschwämmchen.

Schneiden Sie die handelsüblichen runden **Schwämme** in der Mitte durch. So erhalten Sie zwei halbmondförmige Arbeitsschwämmchen, mit denen Sie leicht exakte Ränder grundieren können.

Neben den oben angesprochenen Schwämmen gehört – speziell für realistische Bartstoppeln – der Stoppelschwamm zur Grundausstattung eines jeden Face-Painters.

Als **Schminkpinsel** haben sich Kunstfaser-Pinsel bei den Gesichtsbemalern durchgesetzt. Diese langlebigen Pinsel eignen sich aufgrund ihrer Festigkeit und Formbeständigkeit außerordentlich gut zum Schminken filigraner Konturen und feinster Ornamente mit wasserlöslichen Schminkfarben. Ihre Flexibilität und die dadurch problemlose Übertragbarkeit der Farben auf die Haut ist ein weiterer Grund für die Beliebtheit dieser Pinsel bei Face-Paintern.

Am beliebtesten sind die universal einsetzbaren Rundpinsel der Größe 3. Aber auch größere Rundpinsel, etwa der Größe 8, und gleichgroße V-gebundene Pinsel, sogenannte Katzenzungen-Pinsel, sollten zur Grundausstattung gehören. Mit diesen Pinseln gelingen vor allem große Schnörkel und stärkere Konturen sicher und schnell.

Auch eine Auswahl an Flachpinseln, speziell für längere gerade Linien (Größe 4) und zum Ausmalen großer Flächen (Größe 16) gehören zur erweiterten Grundausstattung.

Schließlich empfehlen wir noch einen 1er Rundpinsel – für ganz dünne Schnörkel und zarte Ornamente – und einen 2er Katzenzungen-Pinsel speziell zum Dekorieren der Lippen.

Für schimmernde Highlights und nahtlose Übergänge ist der **Perlglanz-Effekt-Puder** ein Geheimrezept. Ähnlich einem Lidschatten legt sich dieser trockene Puder, den es übrigens in allen Grundfarben, ebenso in Weiß, Anthrazit und in den besonders anmutigen Tönen Kupfer, Bronze, Gold und Silber gibt, leicht durchscheinend auf die Haut. Er wirkt jedoch perfekt deckend, sobald man ihn mit Wasser anfeuchtet und großflächig mit einem Schwämmchen oder punktuell mit einem Pinsel auflegt.

Die beste Schminktechnik lässt sich jedoch nur mit dem geeigneten Arbeitsmaterial realisieren.

So gehört eine dosierfähige **Wassersprühflasche** zum gleichmäßigen und vorsichtigen Befeuchten Ihrer Schminkschwämmchen ebenso zum Repertoire wie ein bruchsicherer **Topf** zum Eintauchen und Reinigen der Pinsel.

Stets sollten Sie zum eventuell notwendigen Vorreinigen des Gesichts Feuchttücher griffbereit haben. Auch kleinere Korrekturen sind damit leicht zu bewerkstelligen.

Schließlich sollten Sie **Servietten** – zum Abstreifen von überschüssigem Wasser oder Schminkfarben – und einen **Spiegel** auf Ihrem Schminktisch platzieren.

Ein hoher Stuhl mit Rückenlehne und ein runder Schminktisch – damit Ihre Zuschauer nicht so leicht dagegen stoßen – vervollständigen Ihren Arbeitsplatz.

Pflege des Schminkmaterials

✦ Säubern Sie Ihr gesamtes Schminkmaterial nach jedem Einsatz. Schminkschwämmchen können Sie in der Waschmaschine reinigen. Legen Sie die Schwämmchen zum Trocknen aus, bevor Sie sie später wegpacken. Die Pinsel können Sie unter laufendem lauwarmem Wasser reinigen.

✦ Trocknen Sie die Farben in der Dose mit einem sauberen und trockenen Papier ab, und schrauben Sie die Deckel erst ein paar Stunden später darauf.

✦ Um die ursprüngliche Form der Pinselhaare zu bewahren, tauchen Sie die Pinsel ab und zu in wasserlöslichen Mastix, lassen diesen etwas antrocknen und spülen die Pinsel dann unter fließendem Wasser aus.

✦ Bewahren Sie alles bis zur nächsten Nutzung sauber und trocken auf.

Schminktipps

✦ Achten Sie beim Auftragen der Grundierung mit dem Schminkschwämmchen darauf, dass das Schwämmchen nicht zu feucht ist. Benutzen Sie zum Befeuchten immer eine dosierfähige Sprühflasche.

✦ Flecken und Streifen beim flächigen Auftragen der Farbe vermeiden Sie durch mehrmaliges Auftupfen der Farbe mit dem Schwämmchen.

✦ Ziehen Sie die Konturenstriche mit dem Pinsel locker aus dem Handgelenk (und nicht mit dem ganzen Arm).

✦ Linien und Striche werden schwungvoller, wenn Sie den Pinsel von innen nach außen führen.

✦ Wenn Sie die zuerst aufgetragene Farbe trocknen lassen, bevor Sie mit einer anderen Farbe darüber malen, vermeiden Sie, dass sich die Farben eventuell auf der Maske ungewollt vermischen. Diese Vorgehensweise ist vor allem bei möglichen Änderungen und Korrekturen in einer anderen Farbe hilfreich.

✦ Tragen Sie stets die hellen Farbtöne zuerst auf.

✦ Wählen Sie bei jüngeren Kindern nicht zu komplizierte Motive aus, damit die Kinder nicht zu lange stillhalten müssen.

✦ Damit Sie Ihre Maske in Ruhe auftragen können, legen Sie eine Hand auf den Vorderkopf Ihres Modells.

✦ Wechseln Sie das Pinselwasser während Ihrer Schminkaktion häufiger aus, damit die Reinheit der Farben nicht beeinträchtigt wird.

✦ Vielen Masken verleihen Sie einen stärkeren Ausdruck, indem Sie auch die Haare Ihres Modells mit einem feuchten Schwämmchen einfärben. Dazu eignen sich sowohl die flüssigen Farben als auch die festen Farben in der Dose. Zum temporären Haarefärben können Sie auch auf farbiges Haarspray zurückgreifen. Zusätzlich besteht die Möglichkeit, mit sogenanntem Glitzer-Haarspray facettenreiche Highlights auf die Haare zu sprühen.

Gefiederte Freunde

Papagei

Material
✦ Wasserlösliche Schminkfarben in Perlglanz-Gelb, Perlglanz-Orange, Perlglanz-Lila, Fuchsia-pink, Weiß, Grasgrün und Lila
✦ Glitzer in Lila, Pink, Smaragd-grün, Juwel-Glitzer (grob) und Gold-juwel-Glitzer (grob)

Anleitung
1. Schritt
Grundieren Sie mit einem leicht angefeuchteten Schwämmchen eine größere Fläche um die Augen in Perlglanz-Gelb und Perl-glanz-Orange. Färben Sie die Augen-lider mit Fuchsiapink.

2. Schritt
Nehmen Sie einen Rundpinsel (Größe 3), und betonen Sie die Konturen der Augen mit Perlglanz-Lila. In der gleichen Farbe fügen Sie rund um die Augen stilisierte Federn ein.

3. Schritt
Tragen Sie in Perlglanz-Gelb, Fuchsiapink und Weiß weitere flammenförmig stili-sierte Federn auf. Die weißen Federn wer-den zusätzlich mit Grasgrün umrandet. Färben Sie die Lippen in Lila und malen den typischen Papageienschnabel auf die Nase. Dann verzieren Sie die Maske mit buntem Glitzer in den Farben Lila, Pink, Smaragdgrün und mit grobem holo-grafischem Juwelglitzer in Gold und Silber.

aterial

Wasserlösliche Schminkfarben in Türkis,
Weiß, Königsrot und Goldenorange
Glitzer in Perlmutt (irisierend), Golden-
orange, Königsrot und Juwel (fein)

Anleitung

1. Schritt

Schminken Sie diesen Wasservogel um die
Augen mit einem Schwämmchen in sattem
kräftigem Türkis. Den oberen Teil des Kop-
fes und den Nasenrücken grundieren Sie
mit weißer Farbe.

2. Schritt

Für den riesigen Schnabel der Ente färben
Sie die untere Hälfte des Gesichts gut deckend mit Goldenorange. Verwenden Sie dazu am besten einen Flachpinsel (Größe 16).

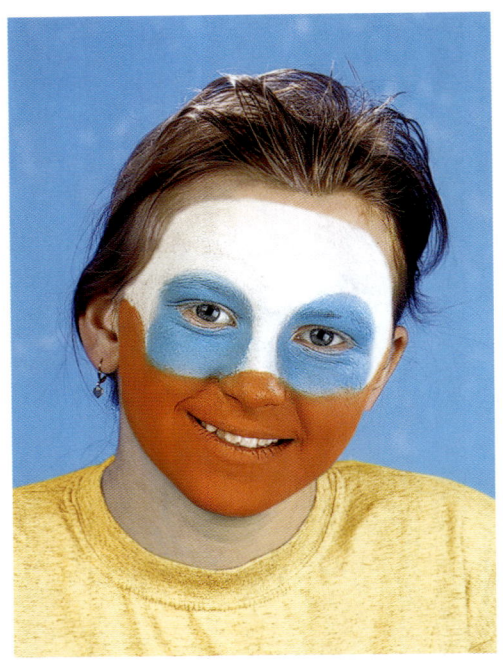

3. Schritt

Umranden Sie Kopf, Schnabel und Augen
des Vogels mit einem Rundpinsel (Größe 3)
in Schwarz und fügen Sie mit einem feinen
Rundpinsel (Größe 1) schwarze Wimpern
ein. Geben Sie Glitzer in den entsprechen-
den Farben auf den jeweiligen Untergrund,
also irisierenden Perlmutt-Glitzer auf die
weiße Farbe, goldenorangefarbenen Glitzer
auf den Schnabel und königsroten Glitzer
auf die zuvor königsrot gefärbten Lippen.
Die schwarzen Konturen belegen Sie mit
feinem holografischem Juwel-Glitzer.

Kuscheltiere

Schmusekatze

Material
- ✦ Wasserlösliche Schminkfarben in Weiß, Braun und Schwarz
- ✦ Juwel-Glitzer (grob und mittel)

Anleitung
1. Schritt

Grundieren Sie das Gesicht über den Augen und um den Mund herum bis über das Kinn und über die Wangen in Weiß mit einem nur leicht feuchten Schwämmchen.

2. Schritt

Füllen Sie die Zwischenräume der vorhandenen Grundierung unter dem Kinn, auf Nase und Stirn sowie unter den Augen mit brauner Schminkfarbe.

3. Schritt

Konturieren Sie die Farbfelder in Schwarz, und fügen Sie schwarze und weiße Schnurrhaare hinzu. Malen Sie die Nasenspitze als Schnäuzchen schwarz.
Grober und mittlerer Juwel-Glitzer vollenden diese Maske.

undebaby

Material
✦ Wasserlösliche Schminkfarben in Weiß, Braun und Schwarz
✦ Glitzer in Perlmutt (irisierend), Kupfer und Juwel-Glitzer (mittel)

Anleitung

1. Schritt

Grundieren Sie bei dieser Maske drei Viertel des Gesichts in Weiß, aber sparen Sie auf einer Seite um das Auge herum eine Stelle von der Stirn bis zu den Wangen aus.

2. Schritt

Grundieren Sie die ausgesparte Fläche mit brauner Farbe; achten Sie darauf, dass Sie  mit dem Schwämmchen eine klare Kontur ziehen, andernfalls können Sie Konturen leicht mit einem Rundpinsel (Größe 3) nachbessern.

3. Schritt

Konturieren Sie die ganze Maske in Schwarz, am Kinn und um das braune Auge herum mit gestrichelten Linien.
Geben Sie auch etwas schwarze Farbe auf die Lippen, und verlängern Sie die Mundwinkel, sodass sie leicht nach oben gebogen sind. Setzen Sie eine dreieckige Markierung auf die Nasenspitze, und verbinden Sie diese durch eine senkrechte Linie mit der Oberlippe.
Verzieren Sie die Maske mit irisierendem Perlmutt-Glitzer auf dem weißen Untergrund und kupferfarbenem Glitzer auf dem braunen Untergrund. Auf die schwarzen Konturen geben Sie mittleren Juwel-Glitzer.

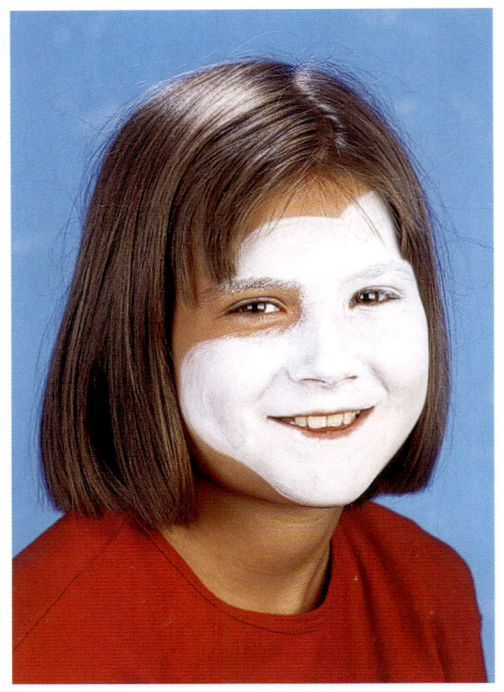

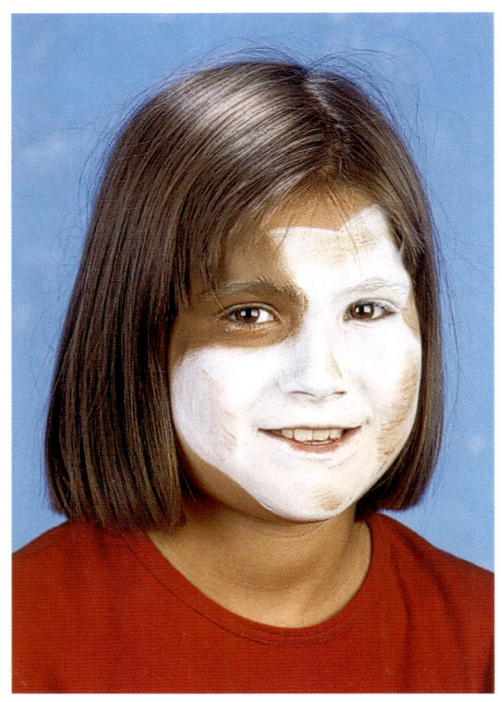

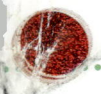

Mäuschen

Material
✦ Wasserlösliche Schminkfarben in Grau, Perlglanz-Blau, Perlglanz-Silber, Gelb, Weiß und Schwarz
✦ Juwel-Glitzer (grob, mittel und fein)

Anleitung

1. Schritt
Grundieren Sie mit einem Schwämmchen die Form des Mausgesichts in Grau, und fügen Sie stellenweise etwas Perlglanz-Blau und Perlglanz-Silber ein. Streuen Sie bereits jetzt etwas feinen Juwel-Glitzer auf die noch leicht feuchte Grundierung.

2. Schritt
Konturieren Sie das Mäusegesicht mit Schwarz. Mit einem großen Rundpinsel malen Sie der Maus ein schwarzes Schnäuz-

chen und große, weiße Mäusezähne. Konturieren Sie die Zähne mit schwarzer Farbe, und tupfen Sie schwarze Punkte um das Schnäuzchen. Fügen Sie dem Mäusegesicht lange schwarze Barthaare und dünne Haare über den Augen hinzu. Auch die Lippen färben Sie schwarz.

3. Schritt
Streuen Sie abschließend mittleren und groben Juwel-Glitzer über die Maske.
Und damit das Mäuschen auch etwas zu essen hat, grundieren Sie den linken Handrücken des Kindes mit Grau und malen ein Stück Käse darauf. Heben Sie die Kontur und die Löcher im Käse mit Schwarz hervor.

Süße Tierchen

Honigbär

Material
✦ Wasserlösliche Schminkfarben in Perl-glanz-Gelb, Fuchsiapink, Dunkelorange, Braun, Lila, und Schwarz
✦ Glitzer in Rosé, Sonnengold und Lila

Anleitung
1. Schritt
Tragen Sie als Grundie-rung Perlglanz-Gelb auf das Gesicht auf. Zusätzlich grundieren Sie den Mund und als Bärenohren je-weils eine große halb-runde Fläche über den Augen in Fuchsiapink.

2. Schritt
Schattieren Sie die perlglanz-gelben Stellen der Grundierung mit Dunkelorange. Wan-gen und Nase schraffieren Sie in Braun.

3. Schritt
Färben Sie die Lippen oben und unten lila, und umranden Sie die ganze Maske mit Schwarz. Malen Sie schwarze Augenbrauen über die Augen und einen schwarzen Punkt auf die Nasenspitze. Zeichnen Sie auf der Stirn und an den Gesichtsrändern kleine schwarze Haarbüschel. Anschließend vollenden Sie die Maske mit Glitzer in den Farben Rosé, Sonnengold und Lila.

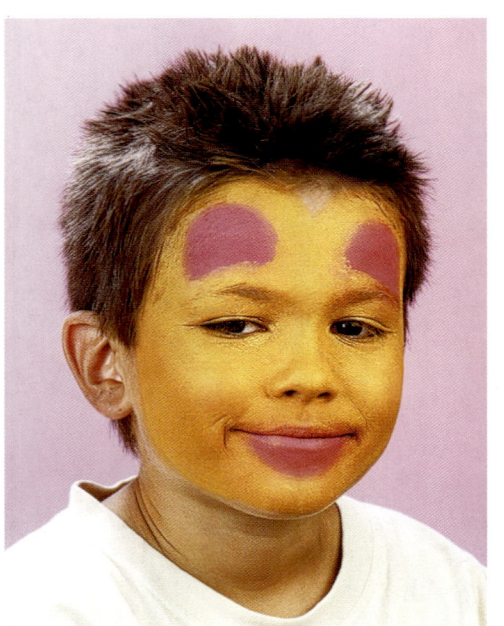

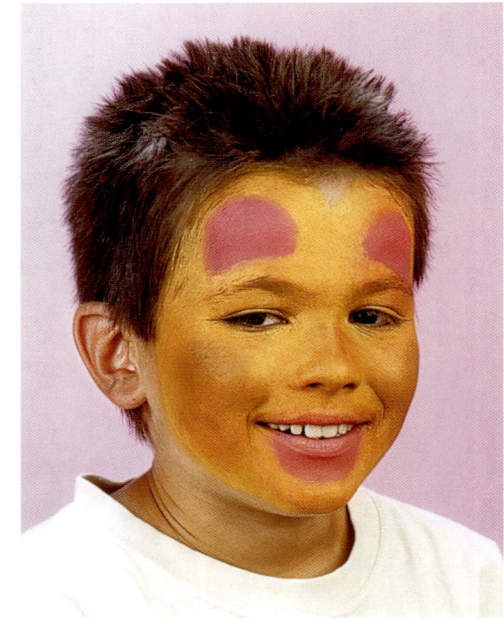

Bienchen

Material
✦ Wasserlösliche Schminkfarben in Weiß, Perlglanz-Gelb, Pastellgelb, Schwarz und Hellrot
✦ Juwel-Glitzer (mittel und grob)

Anleitung
1. Schritt
Grundieren Sie mit einem leicht feuchten Schwämmchen die oberen Augenlider und die Mundwinkel großzügig in Weiß.

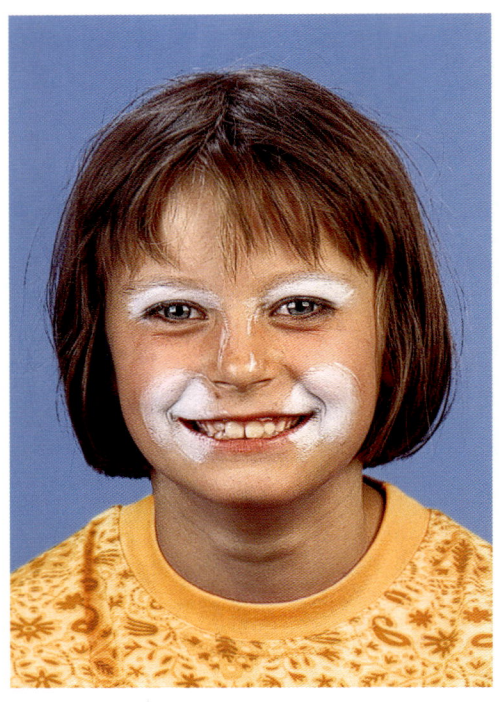

2. Schritt
Das übrige Gesicht wird bis auf die weißen Bereiche mit Perlglanz-Gelb grundiert. Verwenden Sie dazu ebenfalls ein Schwämmchen.

3. Schritt
Tragen Sie mit einem Pinsel (Größe 3) auf dem oberen Drittel der Stirn kleine, nach oben offene Halbkreise in Pastellgelb auf. Schminken Sie links und rechts der Nasenflügel kleine, schwungvolle Striche in Pastellgelb. Malen Sie an den Augenwinkeln kleine Lachfältchen und auf der Nase kleine Striche in der gleichen Farbe. Konturieren Sie mit einem Rundpinsel (Größe 4) die weiße Grundierung in Schwarz. Setzen Sie zwischen sämtliche gelben Striche einen dünnen schwarzen Strich; benutzen Sie dazu am besten einen dünnen Rundpinsel (Größe 1). Lassen Sie die untersten schwarzen Striche an den Augenwinkeln bis auf die Wangen hinunter auslaufen. Zum Schluss malen Sie schwarze Fühler und färben die Lippen hellrot. Streuen Sie großzügig mittleren und groben Juwel-Glitzer über die ganze Maske.

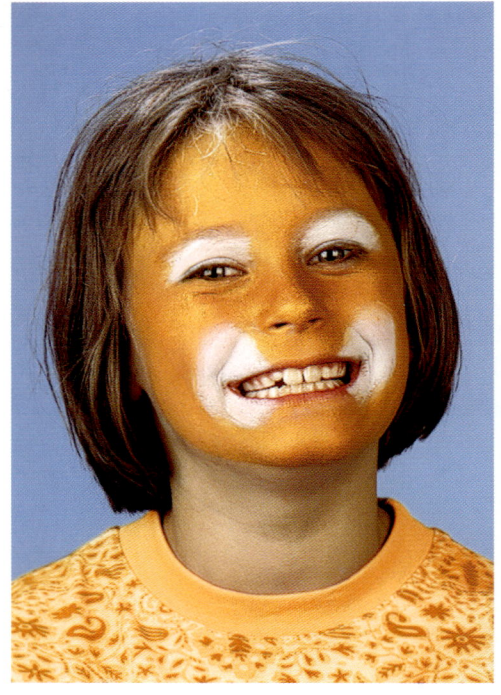

Hase

Material
✦ Wasserlösliche Schminkfarben in Braun, Beige, Rostbraun, Weiß, Hellpink und Schwarz
✦ Glitzer in Rosé, Perlmutt (irisierend) und Zimtfarben

Anleitung

1. Schritt
Als Grundierung schattieren Sie das Gesicht Ihres Modells mit einem Schwämmchen in Braun und Beige.

2. Schritt
Mit einem Rundpinsel (Größe 8) schattieren Sie die Maske in Rostbraun und malen die Ohren und Haarbüschel mit Rostbraun und Weiß. Malen Sie große weiße Hasenzähne unterhalb der Unterlippe und etwas Hellpink in die Mitte der Hasenohren.

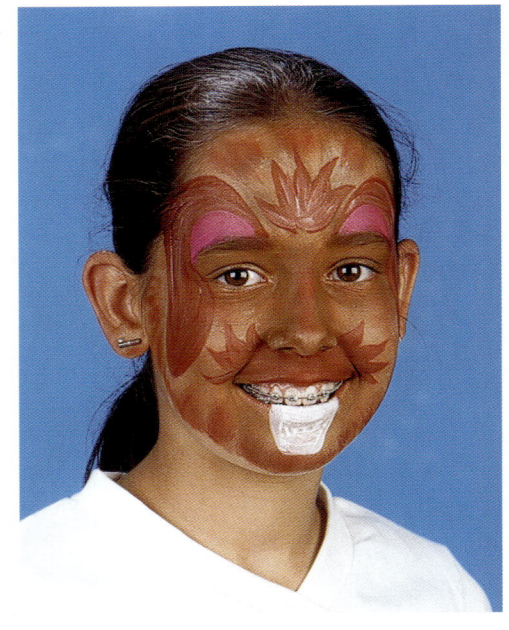

3. Schritt
Umranden Sie Ohren und Zähne in Schwarz. Die Haarbüschel rechts und links vom Schnäuzchen werden nun als Schnurrhaare mit einem Rundpinsel (Größe 3) schwarz umrandet. Abschließend markieren Sie die Nasenspitze in Hellpink. An Glitzer kann man, passend zum jeweiligen Untergrund, Rosé, Perlmutt (irisierend) und Zimtfarben verwenden.

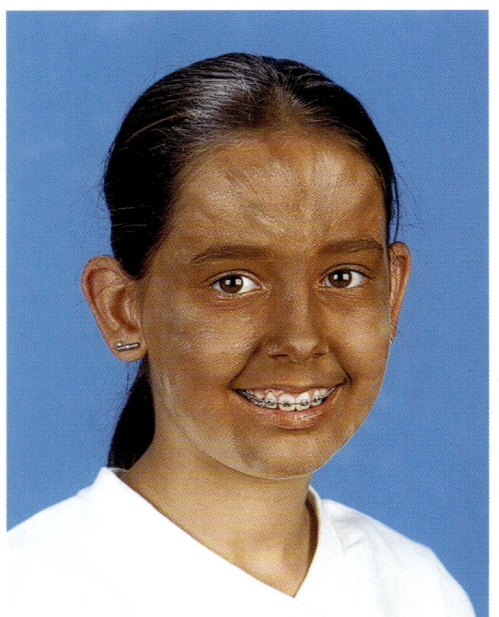

Wilde Raubtiere

Tigerkatze

Material
✦ Wasserlösliche Schminkfarben in Weiß, Goldenorange und Schwarz
✦ Glitzer in Goldenorange, Juwel-Glitzer (grob und mittel)

Anleitung

1. Schritt

Bei dieser Maske grundieren Sie das Gesicht mit einem Schwämmchen an den Augen und um den Mund besonders gut deckend mit einem leicht feuchten Schwämmchen in Weiß.

2. Schritt

Die übrigen Gesichtsflächen grundieren Sie goldenorange. Betonen Sie die Augen in Schwarz.

3. Schritt

Bei diesem letzten Schritt fügen Sie die typischen Tigermuster in Schwarz ein. Sie können bei dieser Fellmaserung, wie übrigens die Natur bei leibhaftigen Tigern auch, willkürlich verschiedene Musterzusammenstellungen wählen. Achten Sie lediglich darauf, dass die Muster, mit lockerem Arm aufgetragen, geschwungen und dynamisch wirken. Färben Sie die Lippen schwarz. Farblich passender Glitzer in Goldenorange und der faszinierend schillernde Juwel-Glitzer (grob und mittel) runden diese Maske ab.

Wolf

Material
✦ Wasserlösliche Schminkfarben in Grau, Schwarz und Weiß
✦ Glitzer in Schwarz und Perlmutt (irisierend)

Anleitung

1. Schritt
Grundieren Sie das ganze Gesicht, mit Ausnahme der oberen Stirnpartie, in Grau. Ausnahmsweise sollte diesmal das Schwämmchen etwas feuchter sein, damit der Untergrund leicht fleckig aufzutragen ist.

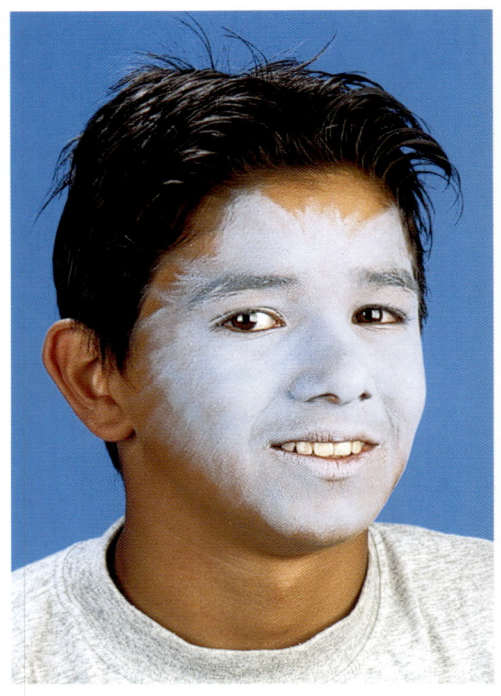

2. Schritt
Schattieren Sie die graue Grundierung mit schwarzer Farbe und einem fast trockenen Schwämmchen. Betonen Sie vor allem die Augenpartie etwas stärker. Zur Gestaltung der Ohren tragen Sie etwas Weiß auf die Stirn auf. Auch um den Mund tupfen Sie weiße Farbe.

3. Schritt
Umranden Sie das Wolfsgesicht abschließend in Schwarz, und malen Sie weiße Reißzähne auf. Wir empfehlen, bei dieser gruseligen Maske nur spär ich Glitzer aufzutragen. Jedoch verfeinert etwas schwarzer Glitzer auf den dunklen Stellen und irisierender Perlmutt-Glitzer auf Zähnen und Ohren auch diese Maske.

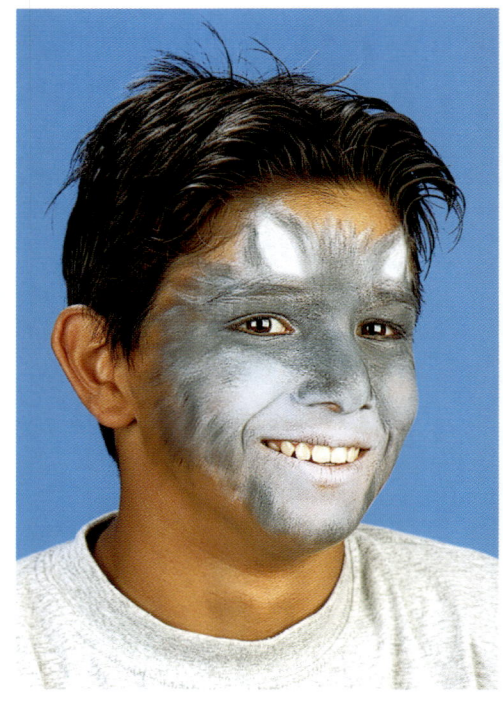

Frechdachs

Material
✦ Wasserlösliche Farben in Weiß und Schwarz
✦ Perlglanz-Effekt-Puder in Anthrazit
✦ Juwel-Glitzer (fein und grob) und Perlmutt-Glitzer (irisierend)

Anleitung
1. Schritt
Grundieren Sie große Teile des Gesichts in Weiß, sparen Sie jedoch den Bereich um die Augen und jeweils den darüber liegenden Teil der Stirn aus. Diese ausgesparten Flächen belegen Sie mit anthrazitfarbenem Perlglanz-Effekt-Puder oder, wahlweise mit schwarzer wasserlöslicher Farbe, über die Sie etwas Perlglanz-Gold schraffieren.

2. Schritt
Färben Sie auch das Kinn über die volle Gesichtsbreite anthrazitfarben.

3. Schritt
Tragen Sie mit schwarzer und weißer Farbe – immer von innen nach außen – Striche auf die dunkle Grundierung auf. Bemalen Sie die Lippen schwarz, und fügen Sie in die Maske schwarze Schnurrhaare ein. Grenzen Sie die dunklen Gesichtsflächen um die Augen durch einen dünnen Strich gegen die weißen Flächen ab. Tupfen Sie einen großen schwarzen Punkt auf die Nasenspitze, und verbinden Sie diesen durch eine gerade Linie mit der Oberlippe. Geben Sie mit dem Pinsel groben und feinen Juwel-Glitzer auf die dunklen Flächen und irisierenden Perlmutt-Glitzer auf die weißen Stellen.

 **ENGLISCH VERLAG**

 *kreativ*

ISBN 3-8241-0959-X
Broschur, 32 Seiten

ISBN 3-8241-1113-6
Broschur, 32 Seiten

ISBN 3-8241-1107-1
Broschur, 32 Seiten

ISBN 3-8241-1095-4
Broschur, 32 Seiten

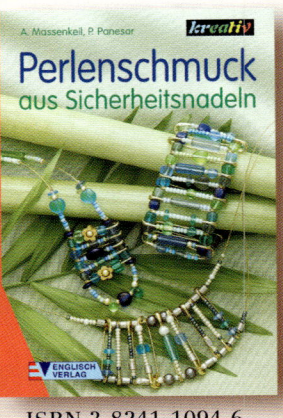

ISBN 3-8241-1094-6
Broschur, 32 Seiten

ISBN 3-8241-1129-2
Broschur, 32 Seiten

Lust auf Mehr?

Liebe Leserin, lieber Leser,
natürlich haben wir noch viele andere Bücher im Programm.
Gerne senden wir Ihnen unser Gesamtverzeichnis zu.
Auch auf Ihre Anregungen und Vorschläge sind wir gespannt.
Rufen Sie uns einfach an oder schreiben Sie uns.

Englisch Verlag GmbH
Postfach 2309 · 65013 Wiesbaden
Telefon 06 11/9 42 72-0 · Telefax 06 11/9 42 72 30
E-Mail info@englisch-verlag.de
Internet http://www.englisch-verlag.de

Quirinal
Seiten 154–165
Stadtplan 5, 6, 12

Via Veneto
Seiten 250–255
Stadtplan 5, 6

Kapitol
Seiten 64–75
Stadtplan 5, 12

Esquilin
Seiten 166–175
Stadtplan 5, 6

Forum
Seiten 76–95
Stadtplan 5, 8, 9, 12

Palatin
Seiten 96–101
Stadtplan 8

Via Veneto

Quirinal

Esquilin

Kapitol

Forum

Palatin

Lateran

Aventin

Caracalla

0 Meter   500

Caracalla
Seiten 188–197
Stadtplan 8, 9

Lateran
Seiten 176–187
Stadtplan 6, 9, 10

Stadtplan *siehe Seiten 396–419*